UN RECUEIL

DE

PLAIDOYERS INÉDITS DES AVOCATS ANGEVINS

AUX XVIIᵉ ET XVIIIᵉ SIÈCLES

(1680-1730)

PAR

André JOUBERT

LAURÉAT DE L'ACADÉMIE DES INSCRIPTIONS ET BELLES-LETTRES
MEMBRE DE LA SOCIÉTÉ DE L'HISTOIRE DE FRANCE
DE LA SOCIÉTÉ DES ANCIENS TEXTES FRANÇAIS, ETC.

ANGERS

IMPRIMERIE-LIBRAIRIE GERMAIN ET G. GRASSIN
RUE SAINT-LAUD

—

1888

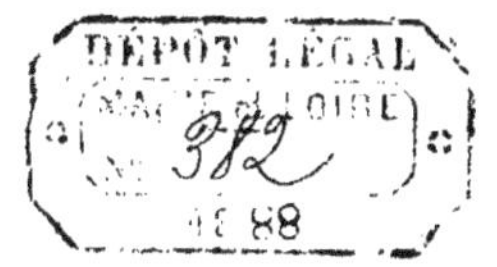

UN RECUEIL

DE

PLAIDOYERS INÉDITS DES AVOCATS ANGEVINS

AUX XVIIᵉ ET XVIIIᵉ SIÈCLES

(1680-1730)

PAR

ANDRÉ JOUBERT

LAURÉAT DE L'ACADÉMIE DES INSCRIPTIONS ET BELLES-LETTRES
MEMBRE DE LA SOCIÉTÉ DE L'HISTOIRE DE FRANCE
DE LA SOCIÉTÉ DES ANCIENS TEXTES FRANÇAIS, ETC.

ANGERS

IMPRIMERIE-LIBRAIRIE GERMAIN ET G. GRASSIN

RUE SAINT-LAUD

—

1888

UN RECUEIL

DE

PLAIDOYERS INÉDITS DES AVOCATS ANGEVINS

AUX XVIIe ET XVIIIe SIÈCLES

(1680-1730)

Parmi les documents inédits que nous possédons dans notre collection particulière, il en est un qui offre un intérêt spécial pour tous ceux qui désirent étudier les mœurs de l'ancien régime. C'est un volume in-folio contenant une série de plaidoyers manuscrits et autographes de M. André Gontard, sieur de la Perrière[1], avocat angevin, et de plusieurs de ses confrères, de 1680 à 1730. Cette variété d'origine augmente l'importance de notre recueil, puisqu'elle peut servir à connaître le genre de plusieurs autres orateurs du barreau de notre ville ainsi qu'à apprécier leur méthode et leur talent. Presque tous ces plaidoyers sont corrigés, raturés, annotés, comme une rédaction travaillée à diverses reprises. Chacun d'eux renferme l'exposé d'une affaire qui fournirait aisément matière à des articles curieux et attrayants. Nous allons feuilleter notre volume, en signa-

---

[1] André Gontard, sieur de la Perrière, époux de Marie Boullay, était fils de n. h. André Gontard, sieur de la Perrière, avocat, et d'Elisabeth du Verdier. C'est lui qui est appelé Gontard l'aîné. Son frère, Charles Gontard, sieur de la Grande-Maison et du Pin, mari de Anne Chotard du Pin, était dit Gontard le jeune. Voir, sur les Gontard et les autres avocats cités dans notre article, l'ouvrage de M. Gontard de Launay sur *les Avocats d'Angers de* 1250 *à* 1789.

lant au passage les détails anecdotiques qui donnent une saveur piquante à ces vieilles pages jaunies par le temps.

I, II. — Deux plaidoyers pour des retraits lignagers, le premier incomplet.

III. — Affaire de séduction. Antoine-René de Fresne, capitaine au régiment de la Raimbaudière, contre Anne Le Beau, « fille cabaretière » (1698-1722).

IV. — Litige sur la succession de L. de Villiers, écuyer, seigneur de Vaufouilloux, époux de dame Charlotte de la Marche, entre ses enfants : « Damoiselle Magdelaine de Villiers, femme de Claude Ledoux, Bernardin de l'Espinay, écuyer, et Charlotte de Villiers » (1694).

V. — Consultation sur le testament rédigé par Charlotte de la Marche, du 18 octobre 1692. Cette pièce est signée Gautreau [1]. Angers, ce 24 mai 1693.

VI. — Plaidoirie de « Gontard La Perrière, pour Gervais-Étienne-Olivier de Dieusie [2], écuyer, sieur de la Houssaye, défendeur. » A. Gontard le jeune est l'avocat de la demoiselle « Magdelaine Millet de Champfleury, fille majeure, défenderesse, accusatrice au principal en crime de rapt. » Me Marchand le jeune plaide pour messire René le Jumeau, écuyer, seigneur de Salvert [3], « curateur aux causes de demoiselle Louise de Dieusie, aussi deffendeur accusé et demandeur en requeste du 13 du même mois de mars dernier. » La demoiselle Millet de Champfleury accusait les défendeurs d'avoir fait sortir par violence la demoiselle de Dieusie du couvent de Sainte-Catherine, où elle demeurait en qualité de pensionnaire [4] (Fin du xviie siècle). La vin-

---

[1] François Gautreau, marié en 1701 à Marie Maillard.

[2] Dieusie, château, commune de Sainte-Gemmes-d'Andigné. La famille qui le possédait en portait le nom.

[3] Salvert, château, commune de Neuillé, possédé jusqu'au xviiie siècle par la famille Lejumeau.

[4] Le couvent de Sainte-Catherine, appelé aussi l'Oratoire de la Tour, fut fondé le 16 septembre 1634, par Catherine Licquet, veuve de n. h. Simon de Goubis, sieur de la Rivière, conseiller au Présidial d'Angers. Voir le dessin de Ballain, mss. 867, p. 368.

dicative demoiselle avait dit que « toutte la réparation qu'elle voulloit faire au sieur de Dieusie, qui se plaignoit d'être calomnié, c'était de le faire pendre, sans qu'il eût l'honneur d'avoir la tête tranchée comme noble[1]. »

VII. — Plaidoyer d'André Gontard pour Marie Falloux, veuve de M° Hilaire Daviau, contre Marie Royou, veuve de Claude Chauvellier. Déguerpissement (1691).

VIII. — Plaidoyer de Gontard l'aîné pour M. Louis Cosson, conseiller du roi, procureur en la sénéchaussée de Baugé, époux de dame Marie-Anne, contre Michel Gohin, écuyer, sieur du Tertre, mari de Renée Bridon, et M° René Gohin, chevalier, seigneur de la Cointrie[2], lieutenant particulier criminel et assesseur civil au siège présidial. Défenseurs : A. Gontard le jeune et Marchand l'aîné[3]. Substitution (28 janvier 1727).

IX. — « Mémoire sur la question de savoir si le mineur relève le majeur en toutes occasions. »

X. — Requête adressée à l'évêque d'Angers[4] par Claude Ayrault, curé de Saint-Pierre de Chemillé, contre le sieur Gallard, prieur claustral du prieuré conventuel de Saint-Pierre de Chemillé[5] et les religieux qui avaient « administré les sacrements de pénitence, d'eucharistie et d'extrême-onction à la damoiselle de Crêpy, dans la maison d'un des relligieux dudit prieuré de Saint-Pierre, au dedans des cloistres, et ayant fait la sepulture de son corps après son decès, sans

---

[1] Etienne-Olivier de Dieusie, chevalier, sieur de Dieusie et de Congrier, mari de dame Louise de Dieusie, âgé de soixante-huit ans, fut enterré le 3 juillet 1766 (*Registres de la Trinité*, Arch. de Maine-et-Loire.. GG. 212-510).

[2] Les Gohin appartenaient à la famille des Gohin de Montreuil. René Gohin, nommé président honoraire du présidial en 1703, mourut doyen de cette compagnie en 1726 (Bibliothèque d'Angers, mss. 499 et 939, f° 254.299). — Le château de la Cointrie, près Querré, appartint aux Gohin pendant les xvi°, xvii° et xviii° siècles.

[3] Urbain Marchand. marié en 1699 à Renée Bonvalet, conseiller-échevin perpétuel de l'hôtel-de-ville d'Angers. le 1°r février 1718.

[4] Michel Lepelletier, évêque d'Angers, (1692-1706).

[5] Ce prieur n'est pas nommé dans le *Dict. hist. de Maine-et-Loire*.

voulloir souffrir que ledit sieur Ayrault administrast les sacrements... » — Plaidoyer de A. Gontard l'aîné (1718).

XI. — Plaidoyer du même avocat pour Nicolas des Hayes. Le jour de la fête de saint Martin, en l'année 1701, le sieur Drouillet, avocat à Beaufort, et Richard, marchand à Doué, avaient logé ensemble chez Cornuau, « hoste de l'Ecu au fauxbourg de Bressigné de cette ville » [1], et avaient confié leurs manteaux au valet d'écurie. Richard, ayant terminé le premier ses affaires, partit de bonne heure pour retourner à Doué. Or, le valet attacha sur son cheval le manteau du sieur Drouillet au lieu du sien, sans que le voyageur y fît attention. Rentré chez lui, celui-ci s'aperçut de l'erreur et chargea un autre marchand, nommé Nicolas des Hayes, de remettre le vêtement chez Cornuau, auquel il écrivit de lui renvoyer le sien. Des Hayes s'acquitta de la commission et confia le manteau à la servante de l'hôtellerie qui, dit-on, oublia de le donner à son maître. « Cependant, ajoute l'avocat, Cornuau a renvoyé celuy de Richard, ce qui marque qu'il avoit aussy receu celuy dud. sieur Drouillet. Quoy qu'il en soit, pour attirer des Hayes, ma partie, au siège de la prevosté, on donne une assignation à Cornuau sous le nom du sieur Drouillet. Ensuitte Cornuau prend un appointement pour mettre en cause Richard et enfin, par un second appointement, il est ordonné que ma partie sera mise en cause... » De là, procès (1703).

XII. — Consultation et question de savoir si un clerc, qui est solliciteur dans une cause, peut être témoin pour la partie dont il sollicite et défend les intérêts. Gontard le jeune opte pour la négative.

XIII. — Plaidoyer du même pour Renée Caillou et Jeanne Lestoc, filles majeures, nièces et héritières de Marie Lestoc, appellantes des sentences du juge de la prévôté, contre

[1] Voir, sur cette hôtellerie, fondée en 1530, *La Description de la ville d'Angers*, par Péan de la Tuillerie, nouvelle édition, p. 201, note 1.

Mᵉ Martin Gaudicher, notaire royal, « donataire universel » de la défunte, accusé de captation de succession. Le testament était daté de l'année 1679.

XIV. — Plaidoyer de A. Gontard pour Michel Bodet contre Suzanne Duval, René Lefèvre et Michel Mabille, qui avaient poursuivi son client comme responsable de la destruction d'une maison située dans le bourg de Saint-Pierre de Cholet en 1689 [1]. L'incendie avait été causé par l'imprudence d'un nommé Berthelot « insensé et sans azille, » qui, « ayant esté chassé sur le minuit d'un cabaret voysin où il estoit à se chauffer », entra, un tison ardent à la main, dans la grange, où il alluma du feu, pour « adoucir la rigueur du froid. » Bientôt toute la paille accumulée dans cet endroit flamba, et la flamme se communiqua à l'habitation où Bodet dormait paisiblement ainsi que sa famille. La population accourut aussitôt, au son de la cloche, mais, pendant que les uns cherchaient à arrêter « le cours de cet embrasement », les autres faisaient main-basse sur le mobilier.

XV. — Plaidoyer du même pour les paroissiens de Brain-sur-l'Authion contre René Lepage et Jean Maugin, héritiers de Claude Poisson, veuve d'Abraham Coustard. Legs à la paroisse (1640-1671).

XVI. — Contestation au sujet de la cure de Rablay [2] entre Mᵉ Pierre Certel, « prestre gradué nommé en l'Université d'Angers, pourveu de lad. cure, » défendeur, et Mᵉ Jean-Baptiste de la Noüe, « aussi prestre gradué nommé de la mesme université, pretendant droit au

---

[1] La ville de Cholet se réduisait, au moyen âge, au château et à la paroisse de Notre-Dame. Le *bourg Saint-Pierre*, agglomération principale, était resté en dehors, sans enceinte murée, couvert sur trois côtés par la rivière et par le marais. Ce n'est qu'au xviiᵉ siècle et avec le séjour à demeure des familles Barjot et de Broon que les deux centres se rapprochent, pour commencer à s'unir sous l'activité intelligente du comte de Rougé (*Dict. hist. de Maine-et-Loire*, t. I, p. 704).

[2] Rablay, canton de Thouarcé.

mesme benefice », demandeur[1]. Certel, dit son avocat, « est canoniquement pourveu de cette dite cure qui a vaqué par le deceds du sieur Le Duc arrivé au mois de juillet mil sept cent vingt huit[2]. » Le sieur de la Nouë a attendu jusqu'au dernier jour de l'expiration des six mois pendant lesquels les gradués ont la liberté de requérir les bénéfices vacants « dans les mois de rigueur à eux affectés ». Il ne peut donc pas empêcher le sieur Certel d'être maintenu en possession de la cure de Rablay. Sa « demande de complainte » doit être écartée, car il est plus que « remply par les benefices non seulement qu'il possède en vertu de ses degrés et autres titres, mais encore par les benefices dont il a pris possession en vertu de ces mêmes degrés et dont il n'a point été évincé par sentence contradictoire ou autrement, sçavoir d'unne chapelle de Saincte-Catherine desservie dans l'église de Notre-Dame de Nantilly de Saumur; de la chapelle du Chapau desservie dans l'église de la Trinité de cette ville et de la chapelle de Saugaultier desservie dans la mesme église ». Il est certain « qu'il a requis et pris possession de la cure de Brain-sur-Allonne[3]; qu'il possède en outre la chapelle de Saincte-Catherine desservie dans l'église de Baugé et qu'il a été pourveu de la chapelle matutinale de Saveniere... » Le sieur Certel n'a au contraire aucun bénéfice et est seulement « titulaire d'un petit canonicat dans l'église collégiale de Baupréau dont le revenu est au dessoubs de 300 livres et d'une petite prestimonie valant 50 livres... » On ne peut donc pas accueillir les prétentions du sieur de la Nouë (1729).

[1] Jean-Baptiste de la Nouë eut gain de cause, car les registres paroissiaux constatent qu'il fut curé de Rablay, de 1729 à 1763. Il mourut le 1er janvier 1763, âgé de 75 ans. On lit sur son épitaphe qu'il fut « le bienfaicteur de cette eglisse. »

[2] Thomas Leduc, curé de Rablay en 1714, mort le 7 juillet 1728, âgé de 61 ans.

[3] Brain-sur-Allonnes, canton de Saumur. — En 1729, le curé de Brain-sur-Allonnes était, d'après les anciens registres, Noël-Gaspard-Baptiste de Gastel, écuyer, originaire de Chartres, qui signe encore le 16 mars 1732.

XVII. — Mémoire au Conseil pour le sieur Avril, curateur, pour savoir si un don point entheriné est valable et si un enfant d'un premier lit peut y participer, et autres questions, et comment il doit faire pour renoncer à la succession de son père. Signé Gouin l'aîné (1727).

XVIII. — Mémoire sur la question de savoir si l'acte signé des parties et qui ne l'est point du notaire est valable.

XIX. — Plaidoyer de Me Jacques Gastineau [1] pour René Viau, métayer, mari de Perrine Lizée, et pour les autres héritiers de Jean Lizée contre Michel Brillet de Marpallu [2], seigneur de la Poilverière. Demande en restitution de meuble par choix de deshérence.

XX. — Plaidoyer de André Gontard, devant l'Official d'Angers, pour René Dubois, sieur de l'Etang [3], qui requiert de la demoiselle Marie Guilbault, fille majeure, accomplissement de promesse de mariage (1693).

XXI. — Nuptias non concubitus sed consensus facit. Consultation signée de Joseph-François Doublard, avocat du roi [4], le 27 avril 1731.

XXII, XXIII. — Du retrait féodal.

XXIV. — Plaidoyer de Gontard le jeune pour « Jean Morillon, prisonnier, detenu es prisons royaux de cette ville, contre Gilles Duriot, escuyer, sieur de la Durasserye ». Les conclusions de l'avocat tendent à la mise en liberté de son client, emprisonné le 27 août 1689, « faute de payer la somme de 235 livres 17 sols. » Ce plaidoyer est du mois

---

[1] Jacques Gastineau, docteur ès-lois, marié le 31 janvier 1736 à Renée-Angélique Briand.

[2] Marpalu, ferme, commune de Marigné. — La famille Brillet posséda ce lieu du xvie au xviiie siècle.

[3] Etang (l'), ferme, commune d'Etriché. — Les Dubois étaient aussi seigneurs de Maquillé, près Contigné.

[4] Joseph François Doublard, fils de François Doublard, marchand droguiste à Angers, et de Marie de Lorme, avocat du roi au Présidial, fut reçu membre de l'Académie d'Angers en 1726. Il avait épousé, en 1693, Marie Mauvif de la Plante.

de février 1692. On lit au dos : « Composé et déclamé en quinze jours... » Gautreau le jeune plaidait pour Gilles Duriot.

XXV. — Plaidoyer pour François Béraud, sieur de la Chaussaire[1]. Retrait lignager.

XXVI. — Consultation de MM. Boucault[2], Ayrault et Aubin, sur un cas de désertion à l'ennemi. Exécution en effigie. Délibéré à Angers, le 26 janvier 1735.

XXVII. — Mémoire pour justifier le bon droit de « dame Geneviève-Françoise Grandhomme, veuve de noble homme Donatien Mellier, contre messire Jacques-Gilles de la Bérardière, chevalier, seigneur de la Barbée[3] ». « Les deux parties sont propriétaires de chacune une maison se touchant sur la rue près l'église des Cordeliers de cette ville, sçavoir la dame Grandhomme acqueresse de la grande maison qui apartenoit cy devant à monsieur de Vris, representant Guillaume Gilles, escuyer, sieur de la Grue, et le sieur de la Bérardière comme representant Pierre Gilles, escuyer ; ces deux maisons provenant de la succession de Jean-Gilles, escuyer, sieur de la Grüe et de la Bérardière, suivant le partage du 18 février mil six cent soixante et dix... » Marin Gilles voulait empêcher « la dame Grandhomme » de bâtir dans l'étendue de la basse-cour de sa maison.

XXVIII. — Plaidoyer de Gontard l'aîné pour Marie Lebel contre Me René Guérinière, clerc, pour non exécution de promesse de mariage, et contre Marie Guérin, veuve de René Guérinière, intervenante. Gouin le jeune plaidait pour les Guérinière (1717).

---

[1] Chaussaire (la), canton de Montrevault. — Les Béraud conservèrent cette terre jusqu'à la fin du xviiie siècle.

[2] François Boucault, sieur des Hommeaux, conseiller au Présidial d'Angers, conseiller-échevin perpétuel, maire en 1729, continué en 1733, mort en 1737.

[3] « Depuis le tout passé à Gilles de la Grue, 1658, à Pierre-Gilles de La Bérardière de la Barbée, 1750... » (Péan de la Tuillerie, *Description de la ville d'Angers et de tout ce qu'elle contient de plus remarquable*, nouvelle édition, p. 180, suite de la note 3 de la page 179).

XXIX. — Plaidoyer pour Mᵉ Jacques Le Febvre, conseiller du roi au grenier à sel d'Ingrandes, « sénéchal dudit lieu [1] », et damoiselle Marie Outin, son épouse, contre Mᵉ Charles Bellanger, prêtre, curé d'Ingrandes [2]. L'avocat demande que le curé soit condamné à administrer la communion aux demandeurs. Il réclamait, au nom de ses clients, victimes de ce « refus injurieux et scandaleux », la condamnation de son adversaire à une amende de 500 livres « de réparations, dommages et interest... » (1699).

XXX. — Plaidoyer de Mᵉ Gontard de la Perrière le jeune pour Marie Jamin contre messire Louis de Villoutreys, chevalier, seigneur du Bas-Plessis [3], tuteur de la demoiselle Leroux, mineure, fille et héritière de défunt messire Louis-Pierre Leroux, chevalier, seigneur de la Roche-des-Aubiers [4]. Marie Jamin était « demanderesse en requeste du dix may 1723 à fin d'enterinement de testament et codicille et à fin de délivrance de legz faits à son profit ».

XXXI. — Affaire concernant le temporel de « la chapelle Danplou alias du Poteau », desservie en l'église Saint-Pierre de Vézins [5]. Le titulaire était, en 1697, messire Jacques d'Andigné.

XXXII. — Plaidoyer pour René Boyard contre damoiselle Boissard. Question de « sçavoir si un don mutuel

[1] Le bâtiment de ce grenier à sel existe encore aujourd'hui et fait face à la Loire. Ingrandes était aussi le siège d'un Bureau des Traites, « dont la barque armée allait en visite sur les bateaux passant en Loire, » et d'une brigade de gabelles. « Les registres sont pleins de décès de gabeloux et de faux saulniers. » Trop souvent l'église même est polluée à la suite de rixes et de combats, ainsi que le cimetière, qu'il faut quatre fois en cent ans réconcilier... » — Pierre Le Febvre, fils sans doute d'André Le Febvre, gentilhomme ordinaire de la Chambre, président du grenier à sel, en 1663, et frère de François Le Febvre, curé de Saint-Sigismond, fut curé d'Ingrandes de 1660 à 1688 (*Dict. hist. de Maine-et-Loire*, t. II, p. 386).

[2] Charles Bellanger, curé d'Ingrandes, de 1688 à 1723.

[3] Le Bas-Plessis, commune de Chaudron, appartenait aux Villoutreys depuis 1666.

[4] Les Leroux possédaient la Roche-des-Aubiers depuis la fin du xivᵉ siècle.

[5] Le curé de Saint-Pierre-de-Vézins était alors Joseph Roulleau (1688-1733).

entre vifs, homme et femme, est valable, avec la définition de la phtisie et si la preuve par témoins est admise pour prouver que, lors dudit don, la femme étoit malade de la maladie dont elle est decedée... »

XXXIII. — « Observations faittes par n. h. Mᵉ Urbain Le Bouvier des Mortiers, ancien élu en l'élection d'Angers et conseiller échevin perpétuel de l'hostel de ville d'Angers, pour justifier que les bourgeois marchands de lad. ville sont exempts du droit de prevosté. » Ces observations portent la signature de « Le Bouvyer des Mortiers. » Ce mémoire fut déposé, par son auteur, au greffe de l'hôtel de ville, le 11 mars 1724[1].

XXXIV. — Affaire de la conspiration des gentilshommes bretons (1719-1720). Composition de la Chambre de justice. Arrêts de la Chambre royale. Copie de la « Lettre de madame de Talhouët-Lemoyne au très reverant père Valentin Derioux, carme de la ville de Nantes, lequel avoit confessé son mary et l'avoit assisté sur l'echafaut... [2] »

XXXV. — Ordonnance royale de mise en liberté de

[1] Ce mémoire est très important et mériterait d'être publié *in extenso*. Il s'appuie sur « la pancarte qui a esté faite pour servir de règle pour la perception du droit dans le temps de son établissement. »

[2] Les lettres adressées par Mᵐᵉ de Talhouët au confesseur de son mari ont été publiées. Le dossier se compose de quatre pièces : 1ᵉ Relation du supplice des quatre gentilshommes bretons en 1720, par le Père Carme susdit. — 2ᵉ Première lettre de Mᵐᵉ de Talhouët au Père. — 3ᵉ Réponse du Père. — 4ᵉ Deuxième lettre de Mᵐᵉ de Talhouët au Père. Ces documents ont paru pour la première fois en 1829 dans le tome IV du *Lycée Armoricain* qui se publiait à Nantes. Elles ont été réimprimées dans *Bretagne et Vendée* (devenu plus tard *la Bretagne moderne*), de Pitre Chevalier. Mellinet, au tome IV de *la Milice et la Commune de Nantes*, a reproduit les deux lettres de Mᵐᵉ de Talhouët. Enfin, l'éminent président de la Société des Bibliophiles Bretons et de l'Histoire de Bretagne, M. Arthur de la Borderie s'est beaucoup occupé, à l'origine de la *Revue de Bretagne et de Vendée*, de *la Conspiration de Pontcallec*, nom adopté pour ce qui regarde la conjuration bretonne. Il a donné une nouvelle édition des quatre pièces ci-dessus énumérées dans le tome VI de la *Revue* (1859, 2ᵉ semestre). Il convient de remarquer, cependant, que le Carme désigné dans ces lettres est appelé « le P. Nicolas de Tous les Saints », tandis que celui que mentionne notre pièce est nommé le « T. R. P. Valentin Derioux ».

damè Suzanne-Jeanne du Coudray, veuve de messire
Charles Perrault, chevalier, seigneur de la Sablonnière,
fille de défunt messire Charles du Coudray, chevalier, seigneur de la Vaugetière, et de dame Madéleine d'Andigné,
« apellante d'une sentence rendüe en la sénechaussée
d'Angers le vingt sept aoust mil sept cent sept », d'une
part, et messire Robert Denyau, chevalier, seigneur du
Teilleul, conseiller au parlement de Bretagne, époux de
dame Marie-Madeleine Lebel, fille de Bonnable Lebel, chevalier, seigneur de la Ganoirie, et de dame Madeleine du
Coudray ; « laquelle dame Madelaine du Coudray estoit
fille et principalle héritière dud. messire Charles du Coudray et de lad. dame Madelaine d'Andigné... » Le 4 septembre 1691, une ordonnance du juge d'Angers avait
autorisé la dame d'Andigné à faire enfermer sa fille « et la
mettre en telle maison que bon luy sembleroit avec def-
fences d'en sortir... » La veuve Perrault avait été conduite
aux Pénitentes d'Angers[1]. L'ordonnance royale est du
30 juillet 1715. Elle interdit aux officiers de police de la
ville d'ordonner par provision que les filles et femmes accu-
sées de débauches publiques seront enfermées « par forme
de police et de correction, sans les avoir entendues. »

XXXVI. — Placet présenté en 1728, au roi, par la ville
d'Angers, pour être maintenue en la faculté de nommer ses
officiers municipaux, contre le prince de Lambesc, gouver-
neur de la province d'Anjou, « qui veut s'arroger le droit

---

[1] L'établissement des *Pénitentes* avait été autorisé par lettres-
patentes de mars 1642 et par la ville le 3 juillet 1643. Il était destiné
à recueillir les femmes et filles vivant dans le désordre. Les pension-
naires entretenues par leur famille portaient l'habit du monde : celles
à la charge de la maison étaient vêtues de bleu. (Voir la description
de ce curieux hôtel dans le *Dict. hist. de Maine-et-Loire*, t. I, p. 74.)
— Les Archives de la Bastille contiennent des pièces intéressantes,
relatives à divers envois de détenues aux *Pénitentes* de notre ville.
Nous publierons ces documents dans notre prochain ouvrage intitulé
*Une famille de grands prévôts d'Anjou, Les Constantin, seigneurs de
Varennes et de la Lorie (XVII*-*XVIII* siècles), d'après des documents
inédits.*

de les nommer et de les destituer à sa volonté. » Le prince agit « par les inspirations d'un nommé Verdier du Plessis, » son favori [1].

XXXVII. — Mémoire touchant le prétendu rapt de la demoiselle Renée Le Breton. Cette demoiselle, qui était majeure, était sortie seule de chez son père le 14 février 1718. Le sieur Noblet n'est pas un ravisseur.

XXXVIII. — Compétition de la chapelle de Notre-Dame du Bourigault, en Saint-Laurent-de-la-Plaine, entre Me Simon Lucas, clerc tonsuré, et Me Louis Neveu, prêtre (18 juin 1708).

XXXIX. — Requête en séparation de biens et d'habitation présentée par dame Catherine-Marguerite Avril, contre Pierre Pottier, écuyer, sieur du Frenay, son époux (1716) [2]. Le mari avait gaspillé une fortune de cent quatre-vingt mille livres et avait menacé, à plusieurs reprises, sa femme, de la tuer. Une fois il l'avait couchée en joue avec son pistolet, mais la pierre n'avait pas fait feu.

XL. — Requête en séparation présentée par dame Marie Avril des Monceaux [3] contre Gabriel-François Fleuriot, écuyer, sieur de la Guichardière, son époux (1726) [4]. La dame avait tenté de chasser de chez elle Marie Pineau, que Fleuriot comblait de ses faveurs, mais elle avait été rouée de coups de bâton par son mari. Ce triste personnage avait voulu ensuite assassiner sa femme, après avoir enlevé tous les meubles de la maison.

XLI. — Plaidoyer pour Gabrielle Guilbault, veuve de

---

[1] Voir, sur la lutte soutenue en 1728 par le Conseil de ville contre le prince de Lambesc, les *Archives anciennes de la Mairie d'Angers*, BB. 108 et 109.

[2] Catherine-Marguerite Avril avait apporté en dot, vers 1714, à Pierre Pottier, écuyer, le lieu du Frêne, près Bouchemaine. Veuve de son terrible époux, elle s'unit, en 1721, à Alexandre Béritault du Coudray, qui mourut en 1735.

[3] Les Avril possédaient les Monceaux-d'Andard depuis la seconde moitié du xviie siècle.

[4] La Guichardière est située dans la commune de Saint-Hilaire-du-Bois. Gabriel Fleuriot y résidait vers 1689.

n. h. Louis Le Quellier, écuyer, sieur du Grand-Marcé[1], conseiller du roi, premier lieutenant en la maréchaussée, sénéchal d'Anjou, contre Louis, Jean et Marie Le Quellier. L'exhérédation de Louis, le fils aîné, pour inconduite, était demandée par la mère. Elle lui reprochait d'abord d'avoir pris, à l'âge de quinze à seize ans, les chevaux, l'argent et l'équipage de son père « qu'il dissipa en quatre ou cinq mois », puis d'avoir volé chez un curé, pour vendre ensuite le produit de sa rapine, et enfin d'avoir épousé, en 1671, une demoiselle Dardanges, retirée avec ses deux sœurs dans une maison du Tertre Saint-Laurent[2]. Il avait choisi, dit l'avocat, « la plus laide des trois. » On lit au dos : « Premier plaidoyer de M⁰ André Gontard de la Perrière, receu au serment d'advocat procureur au siège présidial d'Angers, le 30 juillet 1691... »

XLII. — Donation mutuelle entre Marie Terrier et Julien Le Moyne, receveur des traites (1734). Le mémoire est signé Le Frère. — Une consultation relative à la même affaire et datée de 1722 est signée Ayrault.

XLIII. — Compétition pour la chapelle de Saint-Jean-Baptiste des Bretonnières, desservie dans la paroisse de Coron[3], entre Mᵉ Jean Arondeau, prêtre, et Mᵉ Jean Desmay, aussi prêtre (1718).

XLIV. — Extrait de la sentence rendue par M. le lieutenant général de la sénéchaussée d'Angers entre Pierre Devaux et Marie Legrand, son épouse, « aubergiste en cette ville en l'auberge où pend pour enseigne l'écu de Bretaigne[4] », contre Jacques Boureau et Marie Roullier, sa

---

[1] Le Grand-Marcé est situé dans la commune de la Potherie. Les Le Quellier y résidaient depuis 1640.

[2] Le Tertre fut mis en viabilité, dit M. C. Port, dans la nouvelle édition de la *Description de la ville d'Angers*, etc., par la ville et décoré, applani, planté d'arbres, avec mur de soutènement, en 1775.

[3] Coron, canton de Vihiers, arrondissement de Saumur.

[4] L'hôtellerie de l'Ecu de Bretagne s'élevait dans le faubourg Bressigny, comme nous l'avons indiqué plus haut.

femme, aussi aubergistes à Angers, « au mont de Saint-Michel[1] ». La sentence est du 19 mars 1727.

XLV. — Plainte pour voies de fait, injures et calomnies présentée par la veuve de Pierre Jouin, sieur de la Bonne, vivant conseiller au siège de la sénéchaussée de Baugé[2], contre François Turpol, sieur du Chesne.

[1] L'auberge du Mont-Saint-Michel se dressait dans la rue du Bœuf-Gorgé.
[2] La sénéchaussée de Baugé datait de 1544.

André JOUBERT.

Angers, imprimerie-librairie Germain et G. Grassin. — 1604-88.